国家出版基金项目
NATIONAL PUBLICATION FOUNDATION

记住乡愁

——留给孩子们的中国民俗文化

刘魁立◎主编

第十辑 民间信俗辑

城隍与土地

郑土有◎编著

本辑主编 黄景春

黑龙江少年儿童出版社

序

亲爱的小读者们，身为中国人，你们了解中华民族的民俗文化吗？如果有所了解的话，你们又了解多少呢？

或许，你们认为熟知那些过去的事情是大人们的事，我们小孩儿不容易弄懂，也没必要弄懂那些事情。

其实，传统民俗文化的内涵极为丰富，它既不神秘也不深奥，与每个人的关系十分密切，它随时随地围绕在我们身边，贯穿于整个人生的每一天。

中华民族有很多传统节日，每逢节日都有一些传统民俗文化活动，比如端午节吃粽子，听大人们讲屈原为国为民愤投汨罗江的故事；八月中秋望着圆圆的明月，遐想嫦娥奔月、吴刚伐桂的传说，等等。

我国是一个统一的多民族国家，有 56 个民族，每个民族都有丰富多彩的文化和风俗习惯，这些不同民族的民俗文化共同构筑了中国民俗文化。或许你们听说过藏族长篇史诗《格萨尔王传》

中格萨尔王的英雄气概、蒙古族智慧的化身——巴拉根仓的机智与诙谐、维吾尔族世界闻名的智者——阿凡提的睿智与幽默、壮族歌仙刘三姐的聪慧机敏与歌如泉涌……如果这些你们都有所了解，那就说明你们已经走进了中华民族传统民俗文化的王国。

你们也许看过京剧、木偶戏、皮影戏，看过踩高跷、耍龙灯，欣赏过威风锣鼓，这些都是我们中华民族为世界贡献的艺术珍品。你们或许也欣赏过中国古琴演奏，那是中华文化中的瑰宝。1977年9月5日美国发射的"旅行者1号"探测器上所载的向外太空传达人类声音的金光盘上面，就录制了我国古琴大师管平湖演奏的中国古琴名曲——《流水》。

北京天安门东西两侧设有太庙和社稷坛，那是旧时皇帝举行仪式祭祀祖先和祭祀谷神及土地的地方。另外，在北京城的南北东西四个方位建有天坛、地坛、日坛和月坛，这些地方曾经是皇帝率领百官祭拜天、地、日、月的神圣场所。这些仪式活动说明，我们中国人自古就认为自己是自然的组成部分，因而崇信自然、融入自然，与自然和谐相处。

如今民间仍保存的奉祀关公和妈祖的习俗，则体现了中国人崇尚仁义礼智信、进行自我道德教育的意愿，表达了祈望平安顺达和扶危救困的诉求。

小读者们，你们养过蚕宝宝吗？原产于中国的蚕，真称得上伟大的小生物。蚕宝宝的一生从芝麻粒儿大小的蚕卵算起，中间经历蚁蚕、蚕宝宝、结茧吐丝等过程，到破茧成蛾结束，总共四十余天，却能为我们贡献约一千米长的蚕丝。我国历史悠久的养蚕、丝绸织绣技术自西汉"丝绸之路"诞生那天起就成为东方文明的传播者和象征，为促进人类文明的发展做出了不可磨灭的贡献！

小读者们，你们到过烧造瓷器的窑口，见过工匠师傅们拉坯、上釉、烧窑吗？中国是瓷器的故乡，我们的陶瓷技艺同样为人类文明的发展做出了巨大贡献！中国的英文国名"China"，就是由英文"china"（瓷器）一词转义而来的。

中国的历法、二十四节气、珠算、中医知识体系，都是中华民族传统文化宝库中的珍品。

让我们深感骄傲的中国传统民俗文化博大精深、丰富多彩，课本中的内容是难以囊括的。每向这个领域多迈进一步，你们对历史的认知、对人生的感悟、对生活的热爱与奋斗就会更进一分。

作为中国人，无论你身在何处，那与生俱来的充满民族文化DNA的血液将伴随你的一生，乡音难改，乡情难忘，乡愁恒久。这是你的根，这是你的魂，这种民族文化的传统体现在你身上，是你身份的标识，也是我们作为中国人彼此认同的依据，它作为一种凝聚的力量，把我们整个中华民族大家庭紧紧地联系在一起。

《记住乡愁——留给孩子们的中国民俗文化》丛书，为小读者们全面介绍了传统民俗文化的丰富内容：包括民间史诗传说故事、传统民间节日、民间信仰、礼仪习俗、民间游戏、中国古代建筑技艺、民间手工艺……

各辑的主编、各册的作者，都是相关领域的专家。他们以适合儿童的文笔，选配大量图片，简约精当地介绍每一个专题，希望小读者们读来兴趣盎然、收获颇丰。

在你们阅读的过程中，也许你们的长辈会向你们说起他们曾经的往事，讲讲他们的"乡愁"。那时，你们也许会觉得生活充满了意趣。希望这套丛书能使你们更加珍爱中国的传统民俗文化，让你们为生为中国人而自豪，长大后为中华民族的伟大复兴做出自己的贡献！

亲爱的小读者们，祝你们健康快乐！

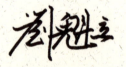

二○一七年十二月

目　录

| 绪论 |

中国古人充满想象力，他们认为除了我们人生活的世界外，还有一个"鬼神"世界。

这个世界像现实世界一样，也有一套政治体系，玉皇大帝是最大的官，住在天上。玉皇大帝身边有一批分管各个部门的官员，如：分管阴间的东岳大帝，分管文化的文昌帝君，分管婚姻的月老，分管寿命的老寿星，分管财富的财神爷，分管生育的送子娘娘，分管医药的药王爷等。

城隍也是"中层干部"之一，分县级的县城隍和省级的府城隍。能够担任城隍的，大多生前都是人品高尚、对当地做出过贡献的人；城隍是城市居民的守护神。在人们的观念中，全城人的生命都有赖于城隍的保护。城市的兴衰、城市中居民的生命安危也都与他联系在一起。

城隍庙不仅是一座城市中规模宏大的建筑，同时又是一座城市中最具活力的场所，一个展示城市居民精神生活的文化空间。以前上海流传一句俗话："没逛城隍庙，不算到过大上海。"许多城市像上海一样，城隍庙是最热闹的地方。

土地神原本是国家祭

祀的大神，是人们出于对土地的感恩，把土地人格化为土地神。但在中国民间影响最大的是那些居住在村头村尾、田头地角的小土地神，别看他官小，管的事可不少，就连《西游记》中神通广大的孙悟空，在找不到妖精的时候，都常向土地神求助。

下面，就让我们来认识认识城隍和土地。

城隍的来历、故事和资格

｜城隍的来历、故事和资格｜

城隍的来历

说起城隍的来历，那可大有年头了。据《礼记·郊特牲》中记载，先秦时期有"蜡"祭的习俗：到了农历十二月，要用新收获的粮食祭祀跟农业生产有关的神灵，感谢它们一年来对农业生产的保佑。这些神灵中，既有发明农业的神农氏（先啬）、主管农业的后稷（司啬），还有捕捉田鼠的猫、捕食野猪的老虎和农田里的坊、水塘等，其中"坊"是

｜上海城隍夫妇｜

5

用于田间蓄水的堤坝即田塍（chéng），"水塘"是田间的沟渠，用于灌溉和排水。古人相信自然万物也像人类一样是有生命、有灵魂的，是它们保护农业生产取得收成，所以要感谢它们。先秦的腊祭日在冬至后第三个戌日，南北朝以后逐渐固定在腊月初八，这也是腊八节的最早形态。

当然，祭祀"坊""水塘"等农业守护神出现的时间，要远远早于周朝，因为从道理上说，只要农业生产（尤其是稻作农业）出现，就会形成对与农业生产相关的信仰。而中国的原始农业在新石器时期就已经初具规模。如在浙江余姚河姆渡文化遗址（距今约七千多年）中，发现有稻谷、谷壳、稻秆、稻叶的堆积，厚度从 10 厘米到 80 厘米不等，同时还出土了许多农具——骨耜。通过对谷物的科学鉴定，属于人工栽培的水稻，而且有籼、粳两亚种和过渡类型。据考古研究，当时河姆渡村大约有 400 人，发现的炭化稻谷如果新鲜时大约有 120 吨。浙江余杭的良渚文化（距今约四千至五千年）遗址中，出土了大型三角形石犁、石耘田器、石镰等，表示已从耜耕发展到犁耕阶段。水

河姆渡稻谷

6

稻种植已成为当时江南地区的主要生产门类。在南部、西南部特别是云南地区，考古工作者也先后在大理点苍山的马龙、佛顶、中和、龙泉及白云诸峰的史前遗址中发掘出多处谷粒和炭化米谷壳，均系新石器时代的遗存。在湘楚地区，也在新石器时代就开始水稻栽培。在屈家岭、石家河等遗址的红烧土中，均发现了大量稻谷壳。在中原地区，属于新石器时期的裴李岗文化、磁山文化、仰韶文化、大汶口文化、龙山文化，均出土了大量的石镰、石铲、石斧、石刀等与农业生产有关的生产工具和猪、狗等家畜残骨，并多处出土了炭化的粟粒。这些都说明，在新石器时期出现"坊""水墉"的信仰是完

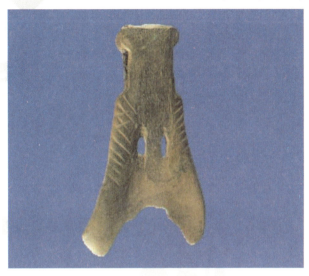

河姆渡骨耜

全有可能的。

城隍的"城"指城墙，"隍"指没有水的城壕，城隍是二者人格化的产物，"坊"与城墙、"水墉"与护城河有相似性，所以很多人认为城隍最早的原型就是"坊"和"水墉"。

"坊"和"水墉"是农业生产的保护神，与城隍保护境内人员的职能相距还比较远。中间可能经历了一

个由沟渠神发展到村落保护神的过渡阶段。与游牧生产不同的是，农业生产是围绕固定的田地进行的。田地开垦后，围绕着农田的居住村落也就逐渐形成了。人们出于生命安全的考虑（防止野兽的骚扰和外族的侵犯），往往在村庄的周围挖一条深水沟，围上围墙（石砌、土垒或篱笆）。如半坡村遗址围绕居住区就有一条深5~8米、宽5~6米的壕沟。1988年发现的江苏句容丁沙地遗

址，位于遗址南部有一条灰沟，其方向由东北向西南倾斜，长约40米，口大底小，上口宽19~22米，深3.5~5米，底部宽2.5米。而这些围墙（石砌、土垒或篱笆）、水沟与农田中的坊、沟渠形式相同，因此在相同思维的支配下，古人把保护农业生产的坊神、水塘神扩展到保护村民的神灵，其功能也成为村落保护神。今天，我们在一些古村落中仍然能够看到这种遗存，如浙江永嘉县芙蓉村，始建于宋太平兴国（976—984）年间，距今已有1000多年历史。至今仍然保存着600多年前的聚落规划面貌，保存明清古民居30余处，明代大宅遗址5处，大小宗祠共18座。全村略呈正方形，坐西朝东。四周

半坡村遗址壕沟

墓地

壕沟

居民住区

窑址

用卵石砌成的寨墙长 2000 余米，高 2 米，寨墙边的水沟依稀可见当年壕沟的形态。福建屏南漈下村于明代正统二年（1437 年）开基，至今已有 580 多年的历史，也有用石头垒成的寨墙。

随着生产力的发展，人们积累的物质财富不断丰富，人口不断增加，生产有了分工，出现了进行物资交

浙江永嘉芙蓉村的寨墙和水沟

福建屏南漈下村寨墙

│良渚古城遗址城墙│

换的场所——市，逐渐形成了人口相对集中的城市。目前，我国已在黄河流域和长江流域相继发现了 20 多处距今四五千年的古城遗址。时间稍晚的遗址则更多，如山东成子崖、河南淮阳平粮台、登封告成王城岗等。典型的如浙江良渚古城遗址。良渚古城由莫角山遗址、良渚古城区和外郭区等部分构

成，面积达 8 平方千米（著名的苏美尔人乌尔古城面积仅为 0.6 平方千米）。根据测量数据，良渚古城的塘山、水坝、反山、莫角山宫殿距今 4900~5000 年，城墙距今约 4800 年，外郭大致距今4700 年，当时古城内人口接近 4 万。

城市经济相对比较繁荣和富裕，人口众多，简易的防御建筑物逐渐被高大的城墙所代替，围沟也成为又宽又深的护城河，于是村落保护神便升格为城市保护神——城隍神。

所以，我们在一开始就说，城隍的来历大有年头，最早是距今六七千年新石器时代保护农业生产的"坊""水塘"，后来变为村落的保护神，最后才成为

城市的保护神。

最早的城隍故事

虽然城隍信仰出现很早，但城隍庙直到东汉末年才出现。清代孙承泽在《春明梦余录》中说"芜湖城隍庙，建于吴赤乌二年（公元239年）间"，因是后人追述，很难确定。目前史料中最可信的是《北齐书·慕容俨传》中的记载，这可能是最早的城隍保护城市故事：

北齐天保六年(555年)，清河王高岳派遣慕容俨镇守郢城。慕容俨刚入城，梁国的大都督侯瑱、任约便率水陆大军紧逼城下。慕容俨是著名的战将，他身材魁梧，精通兵法，擅长骑马射箭，且治军有方，率领军队坚守郢城。侯瑱久攻不下，便想出了围困的计谋。他在通往郢城的水路交通要道鹦鹉洲水域布满荻洪（用荻草做成的障碍物），用来阻塞航道，船只根本不能通行，这样一来，郢城与外界的联系全部中断，成了一座孤城。城中军民人心惶惶，情况十分危急。慕容俨只好以忠义思想进行引导，表明军队肯定会誓死保卫郢城，以安抚稳定民心。郢城中早先有座神祠，人们称之为城隍祠，祠中供奉城隍，平时城中居民凡是公私之事，都要到祠中祈祷，结果几乎是有求必应。慕容俨得知后立刻顺从军民之意，带领大家到城隍祠中祈求，希望得到城隍冥冥之中的保护。说来也巧，不一会儿，突然刮起大风，河中翻起惊涛骇浪，荻洪全被大水冲得无影无踪。梁军又用铁链联结，防止新布的获洪被风再次卷走。慕容俨又率众去城隍祠祈求，到了半夜，果然大浪滔天，铁链全被掀断、获洪消散。就这样，梁军三次拉铁链，三次被风浪冲垮。城中军民认为这是城隍神在暗中相助，因此士气大振。这时，梁军又发动猛攻，侯瑱在北，任约在南，形成南北夹击之势。慕容俨值城中士气大涨，率兵出城与敌军激战，结果不但生擒了不少梁兵，还杀了梁军大将张白石，大胜而还。

从这则故事中，我们可以看出，郢城的城隍忠于职守，协助守城官兵击退了敌军的进攻，保卫了全城人民的生命财产。也可以说，城隍的"发迹"就是从护城保民开始的。

上海城隍"保障海隅"

从此，有关城隍保护城市及城市内百姓的故事就广泛流传。如上海地区就流传一则《上海城隍救百姓》的故事：

清朝初年，上海地区遭受大批海匪的侵犯骚扰，城内的官仓、粮库被洗劫一空。朝廷调派苏州王总兵剿匪，结果大败而归。那些残兵败将还在溃逃之际沿途掳掠，百姓忍无可忍，纷纷聚集到总兵府前大骂王总兵。王总兵生怕兵败失利的消息传到上司那里不好交代，就恶人先告状，在巡抚大人周国柱面前诬告百姓与海匪串通，指点官仓、粮库地址，使国家损失惨重。周国柱偏信一面之词，以为真是暴民作乱，顿时动了杀机，下令第二天一早把从浦南到静安寺一带

的百姓全部杀光。当时上海县县令阎绍庆以全家人性命担保，力劝巡抚不可屠城，但无济于事。巡抚大人周国柱连夜调兵遣将，布置人马，直至深夜。随后，他坐在巡抚府的二堂上，酌酒独饮，单等鸡叫一声，就下令屠杀"暴民"。正睡意蒙眬之际，忽听得庭院中"砰"的一声，抬头一看，庭院里来了个身穿红袍、手拿象牙朝笏神色端重的大官。周国柱仔细一打量，发现来者不正是城隍庙里的城隍老爷吗！不免惊恐万分，刚想开口，只见城隍老爷张大双眼，直视着周国柱，摇了三次头，又举起右手摇了三摇。这让周国柱心里琢磨开了：呀，会不会是百姓有冤、城隍老爷来为民请命啊！他连忙起身离

座，深深作了一揖，说："城隍显灵，百姓定然有冤，本官当取消屠民之令。"他的话音未落，只见眼前金光一闪，城隍老爷早已无影无踪。由此，上海的百姓躲过了一场大灾难，城隍老爷也得了个爱民如子、极有灵验的好名声。

朱元璋封城隍

唐代以后，随着城市的发展，许多地方都修建了城隍庙。《全唐文》中收录了十几位文人在担任县令时写过的《祭城隍文》《城隍庙庙记》等。但这种情况在明代以前还是比较零乱的，处于何种状态，完全取决于当地官吏或缙绅的热心程度。只要有热心的牵头组织者，又有人肯捐钱捐物，就会建造城隍庙。同时，由于各地财力物力参差不齐，各地城隍庙的规模也大小不一。这种情况到明代初期发生了根本性的改变，其主要归因于明代开国皇帝朱元璋。

为什么朱元璋如此看重城隍神？据民间相传，因为朱元璋出生于土地庙中，所以对土地神异常感激，由此自然恩及土地神的"上司"——城隍。

其实，朱元璋抬高城隍神的地位，倡导城隍信仰，是出于统治的目的。他曾对大学士宋濂说过这样的话："朕立城隍神，使人知畏，人有所畏，则不敢妄为。"看来，他就是想利用信仰的威力，震慑臣民，以维护其统治。他还公开宣称"朕设京师城隍，俾统各府州县之神，以鉴察民之善恶而祸福之，俾幽明举不得幸免"。朱元璋曾长期生活于民间，深知中国百姓对鬼神的敬畏心理。坐上皇帝宝座后，为了统治的需要，他便利用这种敬畏心理，大规模封神造神，城隍神便是其中的一位。

明洪武二年（1369 年），朱元璋下令"封京都及天下城隍神"。《明史·礼志三》记载：京都（南京）和开封府、临濠府、太平府、和州、滁州的城隍封为王，享受一品待遇；府城隍封为威灵公，享受二品待遇；州城隍封为灵佑侯，享受三品待遇；县城隍封为显佑伯，享受四品待遇。这道命令里面藏有朱元璋的私心：明初建都南京，京都城隍封为王理所当然；开封是北宋的首都，曾一时成为明朝首都的

候选地，后成为陪都，其城隍封为王，尚可以理解；但其余二府、二州按行政序列应封公、侯，只是因为临濠府是朱元璋的故乡，太平府是朱元璋率部渡江后的最初据地，和州是朱元璋集团渡江前的据地，而滁州是朱元璋最早攻占的城市，朱元璋可能很感激这些城市的城隍神护佑他获得成功，所以给予了特殊的待遇。

朱元璋还规定了各地城

|"理阴赞阳"表明城隍神的职能（新竹城隍庙）|

上绝无仅有，只有城隍神享受了这种特殊的待遇。在中国大地上，就总的数量而言，和其他宗教场所相比，城隍庙不算最多，但它均匀地分布在中国的版图上，构成了一个星罗棋布的"信仰网络"。

谁有资格当城隍

隍庙的建筑规模和布局（要等同于地方官署）、不同品级的城隍神的塑身大小、服饰样式等。规定地方行政长官上任之时需到城隍庙拜祭，并负责城隍神的祭祀活动。

就这样，在朱元璋的诏令下，当时中国几乎每个县城以上的城市都相继修建了城隍庙。这种情况在历史

各地城隍庙里的城隍，都是由某些人死后担任的。但是谁有资格来担任城隍呢？大致有这样六类人：地方官、功臣、正直者、行善者、神能者和善鬼。在这六种类型中，除了最后一类，其余五类都或多或少与该城市有一定的关系，他们或者生前是这座城市的一员，或是生前为这座城市的发展做出过贡献，死后才有资格被奉为这座城市的城隍神；同时，

最主要的是这些人的人品、人格都有值得称颂的地方，体现了"人之正直，死为冥官"的心理观念。

生前是该地地方官、死后升任城隍的，在城隍神体系中为数最多。其中又以任职期间对本地做出过较大贡献、有较多业绩的行政长官居首。如：浙江现存保留最好的汤溪城隍庙中的城隍神即为第一任知县宋约。当时汤溪属金华、兰溪、龙游、遂昌四县交界之地，地广人稀，山多林茂，常有盗贼横行，为害百姓，官府曾多次派兵进剿，皆因路途遥远，收效甚微。金华知府李嗣于明成化六年（1471年）上书朝廷，请求割金、兰、龙、遂四县边隅之地设县，获准"割金、兰、龙、遂四县之地置汤溪县"，并任命胙城（今河南新乡延津胙城乡）

汤溪城隍庙

人宋约为知县。宋约到任后，他礼贤下士，重教爱才，革除劣习，除霸安良，剿灭盗匪，兴修水利，发展农业生产，很快使得汤溪的治安和经济有了很大的改善。宋约为官清正廉明，两袖清风，死后被奉为城隍神。还有上海奉贤县城隍周中铉，是清代松江知府。清雍正五年（公元1727年）受命兼任太仓知州，负责吴淞江、娄江（浏河）

疏浚工程。第二年三月，吴淞江拦河大坝合龙，但因长期下雨发生洪水灾害，十八日堤坝决堤，廿五日又决堤。周中铉与负责河道的陆章乘船指挥封堵决堤。吴淞江风急浪大，小船在风浪中漂荡，险象环生。陆章担心发生危险，极力劝周中铉离船登岸，但周坚决不肯离开。这时，突然一个急浪涌来，小船被掀翻，两个人不幸落水殉职。

汤溪城隍宋约

周中铉生前为官公正，平冤狱，筑海塘，为民免除租税，救济饥贫，最后又为治水以身殉职，深受民众敬爱。因奉贤县是周中铉任松江知府时主持设置的，所以他被奉贤人奉为城隍。

生前曾对某地乃至全国做出过一定的贡献、死后被奉为城隍的也不在少数。这些人身份不一，有的是普通民众，有的是地方官吏，也有的是国家名臣名将。如：上海松江府城隍李待问，就是一位抗清名将。明朝末年，清兵大举进犯，把松江城团团包围，形势十分紧迫。李待问和陈子龙、章简等率领义军固守松江城。松江城城墙高、护城河宽，清兵一时难以攻入。经过一个多月的坚守，义军粮草断绝，老百姓纷纷献粮供应义军。又隔了一个月，老百姓家里也断了粮，加之外面又没有援兵，可谓是到了粮尽援无的绝境。李待问拿出家中仅存的少量黄豆，磨成豆浆，让士兵充饥，继续抵抗清兵。这时，清兵将领得知城里口粮已断，便大举攻城。李待问率义军昼夜苦战，坚持到八月初三，松江城最终被清兵攻破。李待问让残余义军冲出重围，他自己则回府在案桌上写下了遗书，希望清兵能爱护百姓，写完后自刎而死。到了清乾隆年间（1736—1796），对明末抗清忠义之士封赠谥号，立祠纪念，李待问被追封为松江府城隍。松江城的百姓为表达感激李待问之情，便在每年农历七月十四、也就是李

19

待问生日这天，形成了磨黄豆、喝豆浆的习俗，以此纪念这位曾为保卫松江城而捐躯的将领。

生前为人（官）正直，与人们所希望、所赋予的城隍形象比较接近，所以认为他们死后会升任城隍之职。

北京城隍杨淑山，生前以刚正不阿而著名。他是河北容城人，明嘉靖年间（1522-1567）进士，官至兵部员外郎，因弹劾权奸严嵩十六大罪状，被捕入狱。受刑之前，有友人偷偷送给他蚺蛇胆，说服后可以忍痛。杨淑山笑而推辞道："淑山自有胆，何蚺蛇为之！"屡受酷刑后，体无完肤。夜半疼醒后，打碎瓷碗，用碗渣将腐肉割去，"肉尽，筋挂膜，复手截之"。当时连那些杀人不眨眼的刽子手也看得胆战心惊，"执灯颤欲坠"，而杨淑山却"意气自如"！三年后，杨淑山被昏君和奸臣杀害，年仅40岁。

城隍不是终身制的，如果做了坏事，也会被免职。如《陇西城隍革职》就记载了这样一个故事：

清康熙年间，甘肃陇西的城隍庙里供着一尊城隍，他黑苍苍的脸上长满了胡子，相貌十分威严。到了清乾隆年间，那尊城隍不见了，庙里却供着一个白面书生，他年纪轻轻，仪表堂堂，看上去好像还没有资格当城隍呢。

这是怎么一回事呢？有人去问庙里的和尚。和尚说，他也是听一位长老说，原来这个庙里曾经发生了这么一件怪事——

那是在清雍正七年（1730年）时，有一个姓谢的书生，二十多岁，跟着他的老师在城隍庙里读书。这天夜里老师有事外出，谢生一个人在月下散步吟诗。看见外面进来一个人拜神，他就躲在神像的背后偷听。只听得那人祷告道："城隍老爷保佑，今夜我去偷东西倘若马到成功、一帆风顺，明天一定给您献上猪头三牲！"原来这个鬼头鬼脑的家伙是一个贼。谢生心中暗暗好笑，心想城隍老爷可是聪明正直的地方官，难道一副猪头三牲的供品就可以将他收买了吗？

谁知道第二天那人果然带来了猪头三牲当作贡品，喜滋滋地向城隍老爷还愿了。谢生血气方刚，自然愤愤不平，就回到房里挥笔写下一篇文章，把这个城隍老爷痛痛快快地骂了一通，算是出了心中的一口闷气。写完之后，他便将这篇文章夹在书里睡觉了。

这天夜里，城隍老爷知道了这件事，恼羞成怒，托梦给谢生的老师，要他好好教训教训自己的学生，否则的话，就不客气了。

老师醒来之后，连忙去问谢生，谢生不敢承认，老师大发脾气，就动手搜查起他的书箱子来，果然找到了那篇文章。一看内容，老师被气得直发抖，当场就把这篇大逆不道的文章给烧了。

这天夜里，那位城隍老爷跌跌撞撞地又来了。他对老师说："哎呀，这可如何是好！我昨天来告诉你这件事，无非是说你的学生不知天高地厚，居然谩骂神明，所谓要惩罚他，不过是吓他的。谁知道你这位老先生也太认真了，竟把文稿当场焚烧，结果惊动了过路神仙，把文稿上奏给东岳大帝。东岳大帝一时大怒，立即将我革职拿问，并且奏明上帝，要你的学生来代替我这个位置了。"说罢，懊丧至极，灰溜溜地走了。

老师把这事告诉了谢生。谢生大惊，三天后果然撒手人世。于是长老就把城隍的神像换成谢生的模样，重新供奉了起来。

城隍的职责与『三巡会』

城隍的职责与"三巡会"

城隍的职责

在中国古人的观念中，城隍是城市的保护神，是与地方官平起平坐的，治理一方、保佑一地的冥间地方官。

明清时期，国家礼法规定地方长官上任时要拜见城隍，并在城隍面前发誓要忠君爱民。这一方面是强调神道的作用，认为地方官向城隍报到后将会得到城隍的暗中帮助，使黎民百姓更加畏惧官吏的权力，以巩固封建统治；另一方面，地方官上任伊始向城隍发誓，也是对地方官吏的一种约束。因为城隍生前都是正直的有功之士，在冥冥之中能洞察阳世的一切。一般情况下他能忠实地协助地方官治理一方。但如果地方官是贪官，

城隍庙里的日巡

| 城隍庙里的夜巡 |

鱼肉百姓，那么他会对地方官施行惩罚。这无疑在地方官的心中形成一股无形的威慑力，体现了城隍神监察官吏的职能。在各地方志及历代笔记野史中，有关城隍惩戒地方官吏的故事很多，其中有些是因官吏作恶多端或不敬神灵而遭到恶报。也有

一些官吏因严格遵守与城隍的誓约去造福人民而传为美谈。如：

明朝有位严澄，江苏常熟县人，以父荫被授为福建邵武知府。他在离家赴任时，至县城隍庙对神起誓，表示决不携邵武一文钱至家。到任后，他禁绝贿赂，悉心治事。当地有一项陋规，名为茶果银，系当地士民孝敬官长的，相沿已久；由于事关其他官员，且为数不大，严澄无法拒绝，就收取来放在一边。这样多年下来，待到他卸任回乡时，累积银钱已相当可观。

他在将至家时，如数把银钱取出，对家人说："我赴任前曾与城隍神约，现在可把此银交付地方，作为修治桥梁应用。"于是县城周

围不少坍败的桥梁得以修复，方便了行人。

严澄"不携任上一文钱"，本身正直清廉是主要原因，但上任前与城隍的誓约无疑也起了一定的作用。

城隍神所具有的这种"督官"功能从某种程度上起到了"治吏"作用，对贪官污吏具有一定的威慑力。而希望当权者清廉一直是民间百姓的理想，因此这在无形之中强化了百姓对城隍的信仰。

城隍除了督官的职能外，还有慑民的威力。唐宋以后，历代帝王倡导城隍信仰，提高城隍神的地位，其目的就是利用城隍神的神力来威慑民众。各种城隍惩治恶人、护佑好人故事的流传，更加深了民众对城隍神的畏惧心理。封建统治者利用这种民间信仰，"以监察民之善恶而祸福之，俾幽明举不得幸免"。

在历史上，城隍庙曾经充当过一座城市中市民伦理道德观念"教化场"的角色。

城隍庙里供奉的城隍，多由世间的"好人"担任：他们或是正直无私、秉公办事、能为民消灾解难者；或是有功于国、有功于民、有功于地方的"功臣"；或是为人正直、不阿谀奉承、不惧权势者；或是乐善好施、心地善良者等。这些人由于生前的善行，死后才当上了受人供奉的城隍神。像南京城隍文天祥、杭州城隍周新、上海城隍秦裕伯等，都是这样的人物。所以，城隍本身就为世人提供了一个样板，

即：为人要正直、坚持原则；为官要清廉、为百姓办事；做人要善良、乐于助人等。起到了鼓励人们积极向上、崇尚德行的示范作用。从城隍庙的内部布局到各种摆设甚至庙联，从民俗信仰活动到各种民间传说，综合构成了一个庞大的"扬善戒恶"的磁场，以此来净化人的心灵、宣传美德、针砭丑恶，对城市居民良好道德体系的维系曾经起到至关重要的作用。

每座城隍庙都有或多或少的对联，它们张贴或雕刻在大门上、柱子上。如："这里人情谁敢做，此间关节总难通。""岂怕你瞒心昧己，难逃我剑树刀山。""白日无私贫富一般照临，青天有眼善恶两样分明。""举念时明明白白毋欺自己，到头处是是非非曾放何人。""你纵算计非凡，见半分占半分，到底算盘都是错；我却糊涂不得，有一件记一件，从来结账总无差。""祸福分明，此地难通线索；善恶立判，须知天道无私"。其中有不少反映的是善有善报、恶有恶报的因果报应思想，但从其核心来说体现的是劝人为善的主题。借用因果报应思想的手段，客观上达到了劝善弃恶的效果。每一位到城隍庙的人，无论是烧香祭拜的信众，还是闲人游客，看到这些醒目的对联，无疑都会在心灵上产生一定的触动和震撼。

在城隍出巡的队伍中，往往有许多带有娱乐性的表演节目，其中有些明显带有

| 城隍庙内赏善罚恶雕塑 |

城隍庙内赏善罚恶雕塑

城隍庙内赏善罚恶雕塑

道德教化意义。如：秦桧夫妇经常出现在出巡队伍中，其形象是身穿罪衣罪裙，头颈上挂铁索，两个鬼卒在前面拉，另两个鬼卒手持水火棍在后面押送，所到之处受人唾骂。秦桧夫妇出卖民族利益、迫害忠良岳飞，所作所为被传统伦理道德所不齿。

城隍的"督官慑民"职能，在中国古代对于城市的发展、社会的和谐安定曾起到过一定的积极作用。如果我们加以正确的引导，相信对今天和谐社会的建设仍能起到积极的作用。

全城狂欢的"三巡会"

从明代开始，城隍每年要在清明节、七月半、十月初一出巡三次，俗称"三巡会"。出巡的目的一是安抚厉鬼，免得他出来干坏事；二是祈祷保佑"风调雨顺，国泰民安"。如上海城隍庙，"清明节前一日由县官行文给城隍，城隍便在那一天到邑厉坛去赈济各义冢幽孤，到晚上才用彩灯迎回庙。仗卫整肃，邑人执香花拥道者甚众，舆从骈集，常有四五里"。清末有诗描写上海城隍出巡盛况：

清明报赛到城关，
毂击肩摩拥阛阓。
五里羽仪人静肃，
路由岁岁掣红斑。

"五里羽仪"的说法虽有些夸张，但渲染了城隍出巡的随从之多、声势之大，让人感觉到了当时热烈的气氛和热闹的场面。郭朝华在《1947年上海城隍神的一次出巡》一文中以亲身经历者的身份感慨道："城隍出会，又称'三巡会'，据说旧时各地都是万人空巷，如痴如醉。而我看到的这次出会，其规模足以显示上海作为东方大都会的形象。至今到过许多大城市，也去过澳洲跑过许多教堂，但宗教活动覆盖面如此广，规模如此大，组织如此严密，工作人员如此众多，分工如此缜密，也仅见此一次。"城隍出巡在明清时期往往是一个城镇中最热闹的民俗活动，规模大，参加人数多，各类表演争奇斗艳，引得万人空巷。

近些年来，有些地方开始恢复城隍出巡的活动，如福建安溪城隍庙、浙江汤溪城隍庙、上海三林城隍庙、河北武安城隍庙等。

城隍出巡的程式各地大

同小异，主要由城隍仪仗队和巡游方阵组成。城隍仪仗队由打扮成衙役的人鸣锣开道，手举"肃静""回避"牌，城隍神乘坐的轿舆中，前呼后拥；后面紧随黑无常、白无常、判官等，显得庄严肃穆、威风十足。

巡游方阵中常有一群"犯人"。这些人轻则"身着囚服，披枷带锁"，重则"袒胸露背，穿许多钢针，针连绒绳，绳系香炉，炉重有数斤者，有重至十数斤者。系之而行，不以为耻"。他们的行为名为"偿愿""还愿"。可细分为三种情况：

一是当年本人或家人生过重病，曾到城隍庙中许过愿，借此机会了却心愿；二是事先并未许过愿，但自知"罪孽深重"，为了减轻

安溪城隍出巡盛况

安溪城隍出巡鸣锣开道

河北武安城隍出巡仪仗队

罪孽，加入"囚徒"的行列；三是人们认为随城隍巡游，可以消灾避祸、流年大吉。所以许多家长让自家小孩扮囚随行，企盼他们顺利长大。今天看来，"偿愿"者的心理和行为滑稽可笑，甚至荒唐古怪，但旧时人们在信仰心理的驱使下，"戴罪"还愿是非常认真严肃的。我国著名文学家茅盾先生小时候就曾扮过"犯人"。他的祖母在茅盾父亲病重卧床的第二年夏天，去城隍庙许愿，在出会时让年仅9岁的茅盾扮作犯人，随队伍绕行乌镇一周，表示为父亲"赎罪"。茅盾在《童年》中回

河北武安城隍出巡时的社火表演

|安溪城隍出巡时的抬阁表演|

|安溪城隍出巡时的化装戏剧表演|

忆说："祖母让我去扮'犯人'的那一年，我9岁，正是最爱玩耍的年龄，对于能够亲自参加城隍会，自然十分高兴……不过事后想想，又觉得不上算，因为'犯人'只能跟出会行列的末尾，一路所见，只是前面抬阁的背影。"

巡游方阵中，大部分是各种异彩纷呈的民间艺术表演。如浙江余姚的出巡队伍中，有化装高跷：表演者双脚踏在踏档上，用布带缚住小腿和高跷，扮演各种戏剧人物，如《孙悟空大闹天宫》《白娘子水漫金山》等；小抬阁四人一抬，大抬阁二十四人肩抬，阁内金童玉女扮饰戏剧《八仙过海》《貂蝉拜月》《唐僧取经》《哪吒闹海》等；还有舞龙、舞狮，表演蜈蚣舞、犴舞、木偶、摔跤等。可以说"三巡会"是民间艺术的大汇展，人们从中得到娱乐和美的享受。

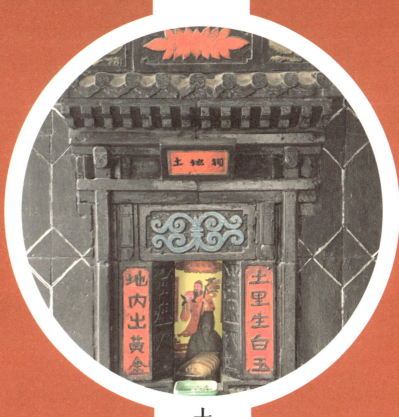

土地的身世与『大小是个官』

|土地的身世与"大小是个官"|

土地的身世

在江西萍乡一带，正月里要举行祭拜土地神的活动。这天黄昏，锣鼓喧天，爆竹声声，一人假扮成土地神，粘上胡须，反穿皮马褂，左手持杖，右手执扇，摇头晃脑，自言自语："土地神，土地神，土地原来天上人。"这句话道出了土地神的"身世"。

别看土地神只是个小神，可历史上曾经地位显赫。我们经常说"江山社稷"，其中的"社"就是社神，也就是土地神；"稷"指农神（发明农业的神，通常指神农炎帝）。对于中国古人来说这两位神是最重要的。社神源于人们对土地的感恩和崇拜。土地为人类提供了活动场所，自然界的万物都从土地中汲取营养，所以人类感激它、崇拜它，《礼经·郊特牲》中说："社，祭土。"东汉应劭《风俗通义·祀典》

|金华曹宅镇大佛寺岩洞内的土地神|

41

中说："社者，土地之主。土地广博，不可遍敬，故封土以为社而祀之，报功也。"也就是说，为了报答土地对人类的养育之恩，古人在某处垒一个土堆，作为土地的象征来祭祀，这个就叫"社"。

| 河北井陉院子内土地神龛 |

至今河北井陉农家庭院里土地神神龛的对联还写着"土里生白玉，地内出黄金"，正是这种感恩的写照。旧时以市县为单位建有社稷坛，由官府主持祭祀活动。官府祭奠后，附近民众再举行群众性的祭祀活动。

祭社的时间一年有两次：春社和秋社。春社是向神灵祈求五谷丰登，秋社则是向神灵报告一年收成，感谢他的护佑。春社日期为立春后的第五个戊日，在春分前后；秋社日期为立秋后的第五个戊日，在秋分前后。社日一直是中国古代重要的节日。如江苏六合还存在"社日，自城市及各乡村，备醵金，具酒醴鸡豚，以祀土神，祀毕，群享祭余，乡邻欢聚"。

自西周以来，社祭列入

了国家祭典，并仿照封建政治体制，有了等级化的社神。如北京的地坛、社稷坛明清时期由皇帝参加祭祀，府、州、县所在地也都有社稷坛，由当地最高长官参加祭祀。随着清朝的灭亡，国家制度层面的祭社活动也随之停止。而那些已经深入民间生活的小社神（土地神）则没有受到什么影响。唐代城隍信仰盛行，土地神成了城隍神的下属。明代以后，土地神已遍及全国城镇，桥头土地、栏头土地、灶头土地、田头土地、山神土地……名目繁多，凡是有土地的地方皆有土地神的存在。据统计，清代时北京城内记录备案的土地庙就有四十余座，实际上则远远不止这个数。

土地神原属自然崇拜，就是对大地的崇拜，后来逐渐演变为人格化的土地神。有些还由具体的人死后充当。如干宝《搜神记》卷五"蒋子文成神"中记载：蒋子文是三国时广陵（今扬州）人，为东汉云阳侯蒋默的重孙，因其家世显赫，汉末被委派为秣陵尉（相当于现在的公安局长），曾追逐强盗至钟山（今南京紫金山）脚下，不幸被强盗所杀。死后他一

| 钟山土地神蒋子文像 |

再"显圣"，百姓便为他立了庙堂，改"钟山"为"蒋山"，称之为钟山土地神。

江苏南通童子会中的神歌《土地》，在唱到土地神的来历时说：江西张家庄有农户九世同居，人称百忍堂。一天张公正在田中干活，刘邦败逃而来。张公将刘邦藏入黄豆田中，骗过项羽，救了刘邦的命。刘邦登基做了皇帝后，派钦差大臣去江西迎恩人进京，张公不愿做官，刘邦就封他为福德土王，下令各地建造庙堂，每年享四个节日祀奉。

浙江湖州南林有座土地堂，其土地神相传就是由两个救过当地许多人性命的人担任的。传说北宋时期，某年九月初五，当地遭到灾荒，有崔、李二人，从外地替东家运一船豇豆、糯米路过这里。他俩出于同情，把米、豆全部赊欠给了饥民，到了夜里，两人一见财尽账乱，难以回复东家，便一同投河自尽。后来南浔人立庙祭祀，尊他们为土地菩萨，并以九月初五为其诞辰，在这天家家户户做豇豆糯米饭，焚香祈祷。

在现实中，大部分土地庙里的土地神是有神像、无神名，被笼统称为土地公。

"大小是个官"

土地神在神界地位卑微、权力有限。清代袁枚《子不语》卷三《土地神告状》中记载了这样一个故事：

洞庭山棠里徐氏，家世富饶，起造花园，不足于地。东边有土地庙，香火久废，私向寺僧买归，建造亭台，已年余矣。一日，其妻韩氏，方梳头，忽仆于地，小婢扶之，亦与俱仆。少顷，婢起取大椅置堂上，扶韩氏南向坐，大言曰："我苏州城隍神也。奉都城隍神差委，来审汝家私买土地神庙事。"语毕，婢跪启太湖水神参见，又启棠里巡栏神参见。韩氏一一首颔之，最后曰："原告土地神来。"韩氏命徐家子弟奴婢听点名，分东西班侍立，有不听命者，持杖击之。唤买地人姓名，即其夫也。问价若干，中证何人，口音绝非平素吴音，乃燕赵间男子声。其夫惊骇伏地，愿退地基，建还原庙。韩氏素不识字，忽索纸笔，判云："人夺神地，理原不应，况土地神既老且贫，露宿年余，殊为可怜。屡控城隍，未蒙

准理，不得已越诉都城隍。今汝既有悔心，许还庙宇，可以牲牢香火供奉之。中证某某，本应治罪，姑念所得无多，罚演戏赎罪。寺僧某，于事未发时业已身死，可毋庸议。"判毕，掷笔而卧。少顷起立，仍作女音，梳头如故。问其原委，茫然不知。其夫一一如所判而行。从此棠里土地神香火转盛。

　　上面故事中这位土地神处境凄惨，连栖身的小庙也被徐姓富豪家强占建造亭台，只好向上级城隍投诉，县城隍害怕徐氏的威势，土地神的屡次投诉都"未蒙准理"，迫不得已，土地神越级向都城隍告状，最后在都城隍的干预下，事情才算解决。浙江绍兴抄本《目连宝卷》中描述的土地神更是穷

困潦倒:

好笑好笑真好笑,自从造庙到如今,

无有三牲来进庙,四沿墙壁都塌掉,

椽子挂空像洞箫,廊柱烂得一团糟。

佛桌凳葫苔煽煽交,香炉里面出青草,

还剩一支蜡烛桥,叫花子劈劈当柴烧。

入我土地带纱帽,土地娘娘穿袍套,

小鬼饿得吱吱叫,判官肚里想饱饱。

我今角角落落都翻到,究得一件破皮袄。

接下来的情节是土地神拿破袄到当铺,当铺嫌皮袄有皮无毛不收;土地神只好将皮袄卖给皮匠,得了一些铜钱,在米店量了半升米。

土地神虽穷,但毕竟是神。"多少有点儿神气,大小是个官儿——独霸一方",是旧时常书写于土地庙的一副对联。这副绝妙的对联形象地勾画出了土地神的"神格"和特征。如果与另一副对联"黄酒白酒都不论,公鸡母鸡总要肥——尽管端来"联系起来,更是生动地说明土地神地位卑微、供品要求不高,但毕竟是"独霸一方"的"神",就像人世

武义县郭洞村附近的土地庙

间的保长、甲长一样，不可怠慢，所以又有副妙联："莫笑我老朽无能，许个愿试试；哪怕你多财善贾，不烧香瞧瞧！"因此，民间凡举行祈福禳灾的重要祭祀活动，供桌上都要设土地神，请土地神到场。如浙江海盐、海宁一带的"赕（dǎn）佛"（祈祷神灵护佑，祝愿五谷丰登、六畜兴旺、家丁平安）的活动中，要请中界云仙官使者请来三界土地：龙天土地、桥神土地、随身土地、店舍土地、住居土地、山神土地、当坊土地、田公地婆、栏前土地。平时外出做事，也要祭土地求平安，如浙江龙泉的菇（种香菇）民到了种菇的时节，要去当地土地庙燃香点烛，供上贡品，下跪膜拜，恳请神灵保佑外乡

来客平安无事、香菇丰收；浙江缙云山区的炭农，进深山烧炭时，临睡前都要在炭铺不远处为山神土地设置的屋前，恭恭敬敬地烧上一炷香，请过山神土地后，才能回铺睡觉。土地神专管土地，因此旧时要动土前必须祭拜土地神，征得他老人家的同意后才能动工。如浙江奉化一带民间认为：土地神专管辖下的地盘安宁，但如果人不事先打招呼，给他一定的报酬，他会不闻不问，任鬼怪胡来。所以人们从事与土地有关的工程前，必须先祭土地神。祭法是：备五碗素菜（豆腐、芋艿、青菜、萝卜、笋片等）、一副香烛、两杯黄酒，将这些供品摆在地中间，然后主人叩拜祝念："土地菩萨，我要在这里造猪厕、

牛厩，请保佑我家养猪像牛、养牛像马。"祭毕才可破土动工。

在江南地区，为了获得水稻的丰收，在水稻种植的

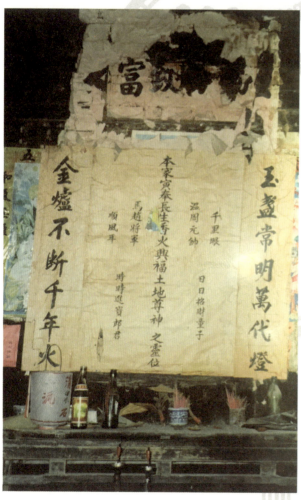

过程中对田公田婆的祭祀活动至少有四次：

第一次是播种时。如浙江浦江农村在下谷种前，手拿一帖黄表纸、三支香，站在秧田下水缺口的田塍上，面向田畈作揖说："田公、田婆！保佑秧苗快快长大，风调雨顺保全苗，再来谢谢你呀！"祝毕，就将黄表纸和香插在田塍旁边而不点燃，祈求田公、田婆保佑秧苗健康成长，不烂秧。俗谓许愿。

第二次是开秧门时。开秧门指将秧苗移栽至稻田中。农民对此相当重视，喻为姑娘出嫁。在浙江湖州地区，开秧门须备荤腥酒菜，在田边祭供，并燃放鞭炮，祈求田公田婆保佑。挑第一担秧苗下田前，必先喊一声

"老田公"，意请田公保佑。如果插秧当天完不成，原插在田里的秧界棒必须拔起来平放在丘面上过夜。据说不拔起来，老田公就感到不舒服，容易发怒，甚至降祸于插棒的人。

第三次是夏至日。此时正是水稻生产的关键时期。浙江兰溪梅江区每年夏至日以豆腐一碗、肉一碗，置于篮内，用锄头抬至田头，祭拜田公、田婆，然后点燃一束预先准备好的麦秆，以驱稻瘟。在浙江金华地区，夏至日要摆酒肉饭菜祭品于田头，有的披蓑衣戴笠帽去祭拜，并烧一把大麦秆，祷告说："田公、田婆保佑风调雨顺，无病无灾，来日丰收，再来重谢！"披蓑戴笠象征"求雨"，烧大麦秆意

| 浙江宁波市郊横店村土地庙内的土地公土地婆 |

为"驱虫"。有的地方祭祀时为免惊跑田公田婆只能跪拜，不得出声。开化一带每畈田都建有供奉着田公田婆的神庙。

第四次是开镰割稻时。在浙江奉化地区，这次祭品

要比前几次丰盛，鱼要金黄色的大黄鱼，且要头尾齐全，说是连年有余；鸡要全鸡，鸡血、鸡心、鸡肫都要齐全。

在开化，新收获的稻谷必先祭过田头菩萨才能挑回家。有的地方还要特意制作"扁担果"祭田公、田婆，谢其保佑丰收。

当坊土地当坊灵

当坊土地当坊灵

土地神虽然官不大，但管的事却不少。辖区内凡婚丧嫁娶、天灾人祸、鸡鸣狗盗之事都要归他管，民众也喜欢向他吐露心声，向他祈愿，请他帮忙。如《集说诠真》中所说："今之土地祠，几遍城乡镇市，其中塑像，或如鹤发鸡皮之老叟，或如苍髯赤面之武夫……但俱称土地公公。或祈年丰，或祷时雨，供香烛，焚楮帛，纷纷膜拜，必敬必诚。"所以，小小的土地庙往往香火很旺。因为民间相信"县官不如现管""土地不松口，毛狗不敢咬鸡""土产无多，生一物栽培一物；地方不大，住几家保佑几家"。

旧时有些地方的人们认为人的灵魂是需要土地神接引的，生下孩子后的第一件事是提着酒到土地庙"报户口"；死了人后的第一件事则是到土地庙"报丧"。如胡朴安所著的《中华全国风俗志》下篇卷三记载江苏高邮地区"凡人始死之时，家人必以芦席稻草圈于土地祠旁，为魂灵栖留之所，谓之铺堂。铺堂之后，家人则按中晚两餐，备具饭一盂、菜两盘，送至祠旁所设之鬼寓，多则三天，少亦两天，谓之送饭。"其意显然是指人刚死，鬼魂暂留土地祠，

海南定远县树林里的土地庙

判断两个人的命是否相和。至于村中发生瘟疫之灾、虎狼之患，祈求土地消灾除患；发生盗窃之事、斗讼之争，祈求土地指点迷津、主持公道。这些情况在旧时的农村很常见。

因为土地神管的事情太多太杂，逐渐就有了分工。"栏头土地"负责家里圈养的牲畜；"桥头土地"负责桥梁的安全；"山神土地"负责某座山上的一切，如动物、森林等；"田公田婆"负责稻田里农作物的生长；"家堂土地"坐镇家中，承担家庭保护神的职能，等等。这些土地神分管的工作不同，职能也不一样。如人们到山上去劳作，涉及的开垦、种植、狩猎、采集、伐木都属山神土地管辖范围，需要

尚需家人送饭菜。土地神还管人间的婚姻大事，《天仙配》中的土地神就促成了董永与七仙女的姻缘。有些地区将男女双方的生辰八字贴压在土地庙的香案下，以此

征得他的同意。

广西北部越城岭红瑶、花瑶和盘瑶居住的瑶族有"打锣挖地"的习俗。瑶族认为，要开荒种地，属于动用山神的土地，必须让山神高兴才行，否则，激怒了山神，就是荒地开出来了，也不会有好收成。为了让山神高兴，在开荒种地时，请来歌师敲锣打鼓把山神唤醒，然后伴着锣鼓声载歌载舞，寂寞的山神看到人们为他鼓乐喧天，歌舞翩翩，十分高兴，于是，他便庇佑开荒的人不费劲、不耗时地可以一直挖上山顶。

鄂伦春人靠狩猎为生。猎民以为每次进山狩猎，能否猎获野兽全凭山神的恩赐。行猎途中，遇到悬崖峭壁、深洞怪石或参天古树，

均视作山神土地栖居之所，会恭敬地下马，敬奉烟酒，虔诚祈祷。如数日打不到猎物，则要祈请山神土地恩赐猎物。祭山神时，要敬献烟、酒、肉、牲血和食品。狩猎返回时，如捕到猎物，猎人

河北井陉院子内的土地神龛

要向山神再次上供，表示对山神的感谢。

浙江西部山区的菇民，在捕捉糟蹋香菇的禽兽时，要先向山神土地请示，烧香跪拜，然后才挖陷阱、放吊索，捕杀禽兽。

浙江淳安山区，上山砍树时要祭拜山神土地，请求批准砍树。每砍一棵树，都要补种一棵小树。因为山神土地每天晚上要来点数的，如果发现树被人砍了，砍树的人就要受到惩罚。

為善最樂

佑四季平安

保地方吉祥

憨厚可爱的土地神

| 憨厚可爱的土地神 |

土地神虽然神位不高，却是老百姓心目中最亲近的神灵，也是人们供奉最勤的神灵之一。土地庙散布大江南北城乡各处，一般规模很小。有的设在村头，有的设在村中，有的设在野外路旁。大多数建得很简陋，有的只有四片石头，三片作墙，一片作顶。土地庙所供奉的土地公大都白须白发、和蔼慈祥，常有土地婆比肩并坐。土地庙与人家比邻而居，令人感到亲切和蔼，土地公就像邻居老大爷，土地婆就像邻居老奶奶，身上既有凡人的优点，也有凡人的缺点。

有一个流传很广的故事体现了土地神的聪明才智：

据说有个土地庙里的土地神很灵验，烧香还愿的人络绎不绝。这天，来了一个种果树的人，祈祷这几天不要刮风，因为梨树正在开花，

当境土地

土地神同意了。果农刚走，又来了一位拉船的，祈求多吹上河风，因为拉上水船要借风力，土地神也同意了。下午，来了一位穿长衫的人，祈祷这几天要出远门，不要刮风下雨，土地神也点了头。天黑时，来了一位农夫，说地里等着下雨栽秧，请土地爷今晚降一场透雨，土地神还是同意了。此事被土地婆知道后，埋怨土地公多管闲事，土地公微微一笑，说我早已有安排，晚上下雨白天晴，刮风沿水面，不准入梨园。这样四个祈求者的难题就都解决了。

在浙江宁波地区流传一则表现土地神善良品格的故事——《土地爷逐妻》：

说有一位土地公把长期节省下来的金银财宝锁在一个石柜中，用来救济人间的穷人。

有一天，土地公外出巡查民情时，将石柜的钥匙交给土地婆，并告诉她若有穷人经过，就送点儿金银给他。中午时来了一顶轿子，正好歇在庙前。土地婆听轿内的人说："闷死我了，真苦！"她便把全部金银财宝给了这个坐轿的人，这人叫轿夫往轿内搬，但只拿走了一半。晚上土地公回来，听土地婆一说，责怪她："穷苦人能坐轿吗？抬轿的人才是穷人。"

第二天，土地公又去出巡了。到了中午昨天那个财主带着他的儿子来取昨天剩下的一半金银财宝，两个人抬来一顶空轿，土地婆想起土地公说的，就把剩余的财宝给了他们。土地公回来听说后火冒三丈，一气之下把土地婆赶出了土地庙。

除了上述这类故事，也有一些故事反映了土地神身上的各种弱点。如，流传于湖北老河口、光化一带的一个传说，就讲了一个土地神同人世间的赌徒一样嗜赌如命，甚至把土地婆都输掉了的故事：

说那油坊张沟的土地神特别爱赌钱，并经常和小张沟的土地神一起赌博，赌来赌去，油坊张沟的土地神把家里的钱都输光了，最后竟连老婆也输给了小张沟的土地神。油坊张沟的土地神终日愁眉苦脸，小张沟的土地神则因两个女人总是吵闹，日子也不好过。油坊张沟的村民见土地神怪可怜，经商议后就到小张沟把土地婆抬了回来。小张沟的土地神不同意，当晚就找油坊张沟的土地神要钱。油坊张沟的土地神拿不出钱，只好让小张沟的土地神把老婆领走了。第二天，村民们又去把土地婆抬了回来。就这样，每次都是白天接回来，晚上又被领走，接连折腾了三天，到了第四天，无计可施的村民们只能放弃了。从此，油坊张沟的土地庙就再也没有了土地婆。

「谢土地」与土地生日

|"谢土地"与土地生日|

民间祭祀土地神的活动极为频繁,但凡初一、十五、婚丧嫁娶、生产活动、造房砌灶等,都要祭供土地神。其中年终"谢土地"和农历二月初二"土地诞"是全国各地最为普遍的祭祀活动。

中国民间有到年终时祭祀神灵,感谢神灵一年来的护佑的传统,表现了中国人"知恩图报"的优良品德。对于土地神也是如此,到年终时都会举行"谢土地"的祭拜活动。上海郊区松江的"献土地"一般在农历腊月二十七,各家可酌情提前或推后一两天,但一定要献土地在先,祭祖在后。献土地又叫"谢年",说是土地神在一年内给了家中很多照顾,到了年底,要好好谢谢他。腊月开始,各个神模店为顾客配好成套的神模(像),每套有二十四张和三十六张的,顾客可选购

|武义县柳城城隍庙内的土地神|

一套。购得神模后，将它们供在长供桌上。祭祀的供品有猪头（没有猪头以猪肉代替）、公鸡、鲤鱼，称为三牲，甘蔗(时称节节高)、橘子(时称福橘)、荸荠、红菱等四盆鲜果，桂圆、蜜枣、蜜饯、橄榄等四盆干果，麻酥、糯米蒸糕等四盆糕饼，糖、盐、酱、醋等四盆佐料，另外还供些水仙花、天竺等花草盆景作为点缀。通常这天要摆一条长供桌、两张八仙桌，三张桌子上均摆满了各种供品。除桌上的供品外，还用红绒线系住一条一斤左右的活鲤鱼的背刺，将红纸剪成的小元宝贴在鱼眼、鱼背与鱼腹上，再将鲤鱼悬在大梁上，鱼头要朝里，取招财进宝的意思。待供桌上的供品齐全后，主人酌酒，点燃香烛，然后合家以长幼为序依次叩拜。祭祀有时长达三四个小时，直到半夜时分，合家再依次磕拜，放高升。尽管各地名称可能不同，但年终祭天祭地（土地神）的仪式往往是不可缺少的。

相传农历二月初二是土地神生日，这天很多地方都要举行隆重的祭祀活动。

清代顾禄《清嘉录》中说："（二月）二日为土地神诞，俗称土地公公，大小官廨皆有其祠。官府谒祭，吏胥奉香火者，各牲乐以酬。村农亦家户壶浆，以祝神禧。"每年的二月初二，除了官府的祭祀外，农家也要祭拜土地神。

平时对土地神的祭祀，仪式比较简单，往往是清香数支、淡酒一盅。但土地生日的祭祀活动比较隆重。很多地方要张灯结彩、演戏娱神，为土地神祝寿。民国十四年甘肃《高台县志》（1925年）（铅印本）中记载："（二月）初二，前后三日张灯，如元宵状。县署大门前演戏三日，以敬土神。"《广州府志》引《番禺志》载："二月二日土地会，大小衙署前及街巷无不召梨园奏乐娱神……每日晚，门前张灯焚香祀土地设供。谚所谓'家门口供土地，香火堂灯到天明'。"旧时广州的土地会时间长达一个月，家家户户门口设香供奉，通宵达旦。据《仪征岁时记》中记载："二月初二日，土地神诞辰。纸扎铺剪纸为袍，而粉绘之，人家贾以作供。大街小巷，供当方土地，张多灯于神前，

人窃其灯以送妇人不育者。苟怀孕，则来年诞辰，一以奉十，而还灯于神前。县署福祠傍，搭草台，演土地戏。是日家家接女，留之过宿，二月空房不忌也。"

旧时浙江安吉的土地神诞辰祭祀活动也极为郑重，

| 广东番禺店门口的土地神位 |

有专门的土地会负责组织。

过完年，土地会就开始筹集经费。先由会员交会费，再向社会集资。到了二月初二这天，开始在土地庙敬土地。

一般供品要备齐"三荤""三素"，以示诚意。

三荤，俗称"猪头三牲"，即：鸡、鱼、猪三样，但讲究"全"字，即全鸡、全鱼、全猪，表示隆重。全鸡用烧好的鸡头、鸡脚、鸡翅，摆成全鸡式样；全鱼用烧好的鱼头、鱼尾摆成全鱼式样；全猪则用煮熟的猪头一个，插上猪尾即算全猪了。一般农家每年杀过年猪后猪头必须搁置一段时间，在过小年（腊月二十四）时，煮熟待祭土地。

"三素"指果品、糕点类，多用粽子、团子和年糕三样，以示播种、合家团圆、步步高升之意。

另外，还要备齐酒壶、酒盅、筷子以及香烛、黄表（纸钱）等物品。

香烛礼拜后，入会聚餐一次，组织者由会员轮流担任。

| 结语 |

当我们把城隍、土地神的来龙去脉作了梳理，大家可以发现他们并不神秘，也像我们一样，有优点也有缺点，富有人情味。当然，城隍、土地都是我们的祖先在生产力低、科学欠发达情况下的一种想象。人都有追求和理想，最基础的追求就是让生活更加美好。我们的祖先也是如此。当自己的能力无法实现自己的理想时，他们创造了城隍与土地，认为他们可以帮助自己实现这些愿望。因此，对城隍、土地的信仰，也是我们的祖先在生存实践中的一种智慧，满足了他们的精神需求。今天，科技发达了，我们很少再需要城隍的安全保护，种植农作物也不再需要土地神的护佑了。但城隍与土地神信仰中蕴含的一些思想理念，在今天仍然具有一定的价值和意义，如：城隍信仰中的惩恶扬善的道德教化、土地信仰中的感恩观念等，这对社会主义核心价值观及生态文明建设都有积极的意义。

图书在版编目（ＣＩＰ）数据

城隍与土地 / 郑土有编著 ; 黄景春本辑主编. --
哈尔滨：黑龙江少年儿童出版社，2021.10（2022.7重印）
（记住乡愁：留给孩子们的中国民俗文化 / 刘魁立
主编. 第十辑，民间信俗辑）
ISBN 978-7-5319-7296-9

Ⅰ．①城… Ⅱ．①郑… ②黄… Ⅲ．①城隍－信仰－
民间文化－中国－青少年读物②土地神－信仰－民间文化
－中国－青少年读物 Ⅳ．①B933-49

中国版本图书馆CIP数据核字(2021)第179000号

记住乡愁——留给孩子们的中国民俗文化 　　　　刘魁立◎主编

第十辑 民间信俗辑 　　　　　　　　　　　　　黄景春◎本辑主编

城隍与土地 CHENGHUANG YU TUDI 　　　　　郑土有◎编著

出 版 人：张 磊
项目策划：张立新 刘伟波
项目统筹：华 汉
责任编辑：张小宁
整体设计：文思天纵
责任印制：李 妍 王 刚
出版发行：黑龙江少年儿童出版社
　　　　　（黑龙江省哈尔滨市南岗区宣庆小区8号楼 150090）
网　　址：www.lsbook.com.cn
经　　销：全国新华书店
印　　装：北京一鑫印务有限责任公司
开　　本：787 mm×1092 mm 1/16
印　　张：5
字　　数：50千
书　　号：ISBN 978-7-5319-7296-9
版　　次：2021年10月第1版
印　　次：2022年7月第3次印刷
定　　价：35.00元